이야기대화식 책별 성경연구 » 신약

SERIES

이대희 지음 │ 바이블미션 편

마가복음 2

(마가복음 8~16장)

KB205874

엔크리스토
ENCHRISTO

그리스도인이라면 누구나 한 가지 소망이 있습니다. 그것은 성경 66권을 공부하는 일입니다. 이 일이 쉽지는 않지만 누구나 한 번쯤 도전하고 싶을 것입니다.

성경을 공부하는 방법으로는 보통 주제별, 제목별, 개관별 등의 방법이 있지만, 성경공부의 진수를 맛보려면 책별 성경공부 이상 좋은 것이 없습니다. 새롭게 편성하여 주제를 맞추어 공부하는 것보다는 성경 자체를 가감 없이 공부하는 것이 더욱 필요합니다.

이런 의도에서 필자는 엔크리스토 성경대학을 통하여 수강생들과 함께 수년 동안 책별로 매년 한 권씩 연구해 나가고 있습니다. '이야기대화식 책별 성경연구 시리즈'는 그동안 성경대학에서 워크숍을 통해 함께 연구한 것을 토대로 다시 정리하고 펴낸 시리즈입니다. 탁상에서 집필한 것을 현장에서 사용함으로써 피드백을 거친 정통한 시리즈입니다. 어려운 작업이지만, 성경 66권 모두를 연구하고 펴낼 수 있기를 기도합니다.

성경을 공부하는 것은 영적 성장에 있어서 대단히 중요한 일입니다. 설교를 듣는 것으로는 영적 성장에 한계가 있습니다. 신앙의 홀로서기를 위해서는 개인적인 성경연구와 소그룹을 통한 성경공부가 필수입니다. 어느 한쪽으로 치우치지 않고 균형 잡힌 신앙, 즉 하나님이 원하시는 온전한 신앙으로 자라기 위해서는 성경 자체를 공부해야 합니다.

그동안 한국 교회에서는 주로 강해설교를 통해 성경공부를 했습니다. 그러나 이제는 한 걸음 더 나아가 성도들이 그룹으로 성경 본문 자체를 연구하면서 스스로 성경을 보는 눈을 키워야 합니다. 이를 위해서는 누구나 여행하는 마음으로 성경 속으로 들어가 공부할 수 있는 책별 성경공부가 필요하다는 생각이 들었습니다. 그래서 한국 상황에 맞는 이 시리즈가 탄생하게 되었습니다.

성경을 점점 더 멀리하는 이 시대이지만 주님께서는 성경을 통해 믿음이 다음 세대까지 전수되고 말씀을 통해 주님의 제자가 세워지기를 간절히 원하십니다. 저 또한 이야기대화식 성경연구 시리즈가 말씀을 회복하는 일에 쓰이기를 원합니다. 본 교재를 통해 성경의 참맛을 느끼고 말씀의 재미를 경험한다면 이보다 더 의미 있는 일은 없을 것입니다.

그동안 많은 분들이 이야기대화식 성경연구 방법을 현장에 적용하면서 성경을 보는 눈이 열리고 말씀을 재미있게 보게 되었다고 고백하고 있습니다. 이 교재를 사용하는 분들에게도 같은 은혜가 있기를 기도합니다. 말씀을 나누는 각 교회 현장에서 성경이 살아나고 영혼이 살아나며 교회와 가정과 이웃과 민족이 생기를 얻는다면 이보다 더 좋은 일은 없을 것입니다.

말씀을 통한 새 역사를 꿈꿉니다. 또 말씀이 동력이 되어 교회와 개인의 신앙이 성장하기를 소원합니다. 우리의 모든 삶은 세상적인 경험이나 사조, 유행이 아닌 말씀에서 나와야 합니다. 모든 것의 근원인 말씀에서 삶과 프로그램이 나온다면 그것이야말로 말씀의 성육신을 이루는 삶이라 할 수 있습니다. 이야기대화식 책별 성경연구 시리즈가 말씀의 생활화를 이루는 초석이 되기를 기도합니다.

성서사람 · 성서교회 · 성서한국 · 성서나라가
이루어지는 그날을 꿈꾸며
이 대 희

1 성경 전체 66권을 각 권별로 자유롭게 선택하여 사용할 수 있는 성경공부입니다.

2 드라마를 보며 여행하는 재미를 경험하는 내러티브 성경공부입니다.

3 모든 세대(중등부~장년부) 누구나 참여할 수 있는 총체적 성경공부입니다.

4 이야기와 대화를 사용하는 소그룹, 셀그룹, 구역 등에 적합한 성경공부입니다.

5 다양한 상황(성경강해, 기도회, 성경공부 모임)에 응용할 수 있는 성경공부입니다.

6 성경 전체를 체계적으로 연구할 수 있는 성경공부입니다.

7 장기적으로 신앙성장을 이루는 균형 잡힌 평생 양육 성경공부입니다.

8 귀납적 방법과 이야기대화식 방법을 조화시킨 한국 토양에 맞는 성경공부입니다.

9 말씀의 능력을 체험하면서 삶의 변화를 이루는 역동적 성경공부입니다.

10 성경 속으로 누구나 쉽게 다가서며 말씀의 깊이를 체험하는 성경공부입니다.

11 영적 상상력과 응용력을 키워 주는 창의적 성경공부입니다.

차 례

이야기대화식 책별 성경연구 시리즈를 펴내면서 _2
교재의 특징 _4
교재 사용에 앞서 _6
마가복음 개요 _8

scene 01 신앙고백과 첫 번째 수난 비밀 예고   _11

scene 02 변화된 그리스도와 믿음 없는 세대   _16

scene 03 두 번째 수난의 비밀 예고   _21

scene 04 이혼과 어린아이에 대한 교훈   _26

scene 05 부(재물)와 제자의 삶   _31

scene 06 세 번째 수난 비밀과 십자가의 길   _37

scene 07 예루살렘 입성   _43

scene 08 믿음의 기적과 권세 문제   _49

scene 09 종교적 문제와 정치적 문제   _54

scene 10 부활과 계명과 다윗의 자손 문제   _60

scene 11 종말적 재난의 징조와 대환란의 모습   _66

scene 12 종말을 대하는 자세   _72

scene 13 헌신자와 배신자   _76

scene 14 최후의 만찬과 겟세마네 동산 기도   _81

scene 15 심문받으시는 주님과 베드로의 부인   _86

scene 16 빌라도의 재판   _91

scene 17 십자가의 죽음   _96

scene 18 부활하신 예수님과 복음 전파   _102

1 책별 성경연구 시리즈는 연속극처럼 연결되는 맛이 있으므로 장면 장면이 서로 이어지게 하면서 하나의 이야기로 이끌어 가도록 합니다.

2 어떤 사상이나 교리보다는 성경 말씀 자체를 사랑하며 말씀이 나를 보도록 하고 오늘 나에게 주시는 음성을 듣는 데 초점을 맞춰야 합니다.

3 교재에 너무 의지하기보다는 교재에 나와 있는 질문을 중심으로 각자 새롭게 상황에 따라 창의적으로 만들어 가면서 본문 말씀 안으로 들어가도록 합니다.(Tip은 먼저 보지 말고 이해되지 않을 때 참고)

4 성경을 연구하면서 점차 성경을 보는 눈과 능력을 배양하고 성경 안으로 깊이 들어가는 데 목표를 둡니다.

5 일방적인 강의보다는 소그룹에서 대화를 나누는 방식으로 그룹 활성화를 이루어 성경공부의 흥미를 유발합니다. (자세한 인도자 노하우는 《이야기대화식 성경연구》(이대희 저, 엔크리스토 간)를 참조)

6 성경책별 유형을 잘 살펴서 그것에 맞는 특징을 살리면 더욱 성경공부가 흥미롭습니다.

7 책별 성경연구는 각 과가 장면 형태로 구성되어 있고 기존의 지식형 공부방법을 탈피하여 드라마나 영화 장면을 보는 것처럼 입체적 상상력을 갖고 성경을 공부하는 방식입니다.

8 각 과가 진행될 때 해당하는 과를 모두 마쳐야 한다는 중압감을 벗고 상황에 따라 과를 두 번에 나누어 진행하는 등, 성령의 인도에 따라 자유롭게 하는 것이 좋습니다.

그리스도인 이라면 누구나 갖는 한 가지 소망 ……
이 한 권에 담긴 이야기의 소망 ……

Narrative

마가복음 2

마가복음

1. 주요 내용

마가복음은 예수님의 세례 받으심에서 부활까지 이야기입니다. 3분의 2가 갈릴리 사역이고 나머지 3분의 1이 예루살렘에서 보낸 마지막 주간의 이야기입니다.

2. 기록 당시 역사적 배경

마가복음은 주후 약 66년 경에 기록된 것으로 로마에서 기독교에 대한 박해가 한창 일어나던 때였습니다. 당시 교회는 네로 황제의 박해로 대학살을 경험하고 있었으며 많은 성도들이 산 채로 불태워지고 교회의 중요한 두 인물(베드로와 바울)이 처형되었습니다. 이런 시기에 마가복음이 등장하였습니다. 예수님의 고난받는 종의 이야기를 통하여 십자가를 지고 가는 제자도의 삶을 알려주며 순교적 신앙을 격려하기 위하여 기록되었습니다. 예루살렘에서 있었던 전체의 내용이 수난주간에 일어난 기사에 집중하고 있는 데서 그것을 분명히 알 수 있습니다.

3. 특징

　—시기 : 복음서 중에 마가복음이 가장 먼저 쓰여졌다고 알려져 있습니다.

　—문체 : 간결하고 직설적입니다. 간접화법보다는 직접화법을 많이

사용하고 과거형보다는 현재형을 더 많이 사용합니다(현재형 151
회). "즉시", "곧" 등의 부사가 41회나 사용됩니다.

—묘사 : 감정적 묘사가 사실적이며 생동적('그리고'라는 단어로)입
니다. 표정들을 진지하게 표현하고 있습니다(놀라니, 두려워하여
등).

—행위의 복음 : 설교보다는 이적 내용이 많습니다. 복음서에 나오는
이적의 과반수를 차지합니다(36개의 이적 중에 19개가 마가복음에
있습니다).

—수난 기사 : 고난당하는 종으로 그리스도를 그리고 있습니다. 공생
애 중 그리스도의 마지막 수난주간의 기사가 복음서 전체의 3분의
1이 넘습니다(11장 - 16장).

4. 주제

—마가복음 10:45로서 종되신 예수와 고난당하신 예수님을 그리고
있습니다.

—중심장은 마가복음 8장입니다. 베드로의 신앙고백이 마가복음의
중추적 사건입니다(베드로복음).

이 고백을 통하여 마가복음의 이야기는 새로운 국면으로 접어듭니
다. 메시야 비밀이 드디어 소개되는 8:30을 통하여 본격적인 마가복음
의 중심 메시지가 등장합니다.

—기본적인 신학사상 : 하나님나라(14회 사용)와 고난과 종말사상을
담고 있습니다.

5. 마가복음의 전체 내용 구조

>> 네러티브로서 전체 구조

도입 / 복음의 준비(1:1-15)

전개

　1부―하나님나라 선언과 공적 사역(1:16-3:6)

　2부―세 집단의 반응과 특성(3:7-8:21)

　　　　· 군중―기적과 가르침

　　　　· 제자―개인적인 가르침

갈등

　　　　· 반대자(서기관, 제사장, 바리새인)―저항이 거세짐

　3부―제자들에게 사역을 집중(제자도 훈련) (8:22-10:45)

　　　―제자도는 고난당하는 종(십자가의 죽음)―세 번에 걸쳐 설명

절정 / 예수님 예루살렘의 입성―십자가 죽으심(10:46-15:47)

결말 / 부활하신 예수님(16장)

SCENE 1

신앙고백과 첫 번째 수난 비밀 예고

| 성경 본문 | 마가복음 8:22-9:1

본문은 예수님의 세 번의 수난 예고 중 첫 번째 기사입니다. 신앙고백에 이어 예수님의 중요한 사역에 대해 제자들에게 말하고 그것에 제자들의 동참을 독려하는 의미에서 중요한 본문입니다. 그동안 침묵하고 있다가 비로소 드러내놓고 말을 했다는 것은 이제 십자가의 길이 본격적으로 시작되고 있음을 예시하고 있고 오늘의 메시지가 중요한 전환점을 주고 있음을 암시하고 있습니다.

말씀의 살핌

1. 벳새다에서 사람들이 데리고 온 소경을 예수님은 어떻게 고쳤습니까?(22-26)

_____

_____

2. 예수께서 가이사랴 빌립보에서 제자들에게 "나를 누구라고 하느냐" 물었을 때 사람들과 제자들은 무엇이라 답했습니까?(27-29)

_____

_____

3. 예수님이 첫 번째 메시야 비밀을 비로소 말씀하시는데 그 내용은 무엇입니까?(30-31)

_____

_____

4. 드러내놓고 메시야 사역의 내용을 말씀하시자 사단은 어떻게 예수님을 유혹했으며 예수님은 어떻게 유혹을 물리쳤습니까?(32-33)

_____

_____

5. 예수께서 제자들을 불러 말씀하신 제자도를 재림 사건과 연관하여 정리해 보십시오. (34-38)

_____

_____

말씀의
깨달음

1. 그리스도인이 가져야 할 주님에 대한 바른 신앙고백은 무엇이며 이것은 어떤 면에서 중요합니까?

_____

Tip 예수님은 육신을 입은 사람으로만 보면 안됩니다. 예수님은 하나님의 아들이십니다. 그렇게 믿을 때 예수님을 구원자로 믿을 수 있습니다. 오늘날에도 예수님을 성인 정도로 생각하는 사람들이 있습니다.

2. 메시야 비밀이란 무엇입니까? 예수님은 왜 이제야 비로소 드러나게 메시야 비밀을 말씀하셨습니까? 이때의 제자들의 심정은 어떠했을까요? 베드로가 예수님의 죽음을 가로막은 것과 연관하여 말해 보십시오.

_____

Tip 메시야 비밀은 예수님이 십자가에 죽으시고 부활하시는 일입니다. 예수님이 세상에서 하실 일은 십자가에 죽는 것이고 다시 부활하여 하나님의 아들임을 선포하는 것입니다. 이것을 제자들이 이해하기는 쉽지 않았을 것입니다. 제자들은 그런 말씀을 믿지 않았기에 귀에 들어오지 않았을 것입니다. 베드로가 예수님의 죽음에 반대하고 나선 것은 메시야 비밀을 이해하지 못한 상황에서는 당연한 일이었습니다.

3. 하나님의 일과 사람의 일을 서로 비교하여 보십시오. 아울러 이것을 구분하는 방법도 같이 말해 보십시오.

_____

Tip 하나님의 일과 사람의 일은 다릅니다. 하나님의 일은 자기를 희생하여 인간을 구원하는 일입니다. 그러나 인간의 일은 자기 욕심을 위한 것입니다.

4. 생명과 물질 중에 생명이 더 중요합니다. 육신적인 생명과 영원한 생명 중에 영원한 생명이 더 중요합니다. 이것을 통하여 그리스도인의 삶과 제자도의 관계를 정리해 보십시오.(참고. 마 10:39; 눅 9:24)

_____

_____

Tip 생명은 영원하지만 물질은 일시적입니다. 우리의 인생은 생명을 위할 때 가치가 있습니다. 예수님의 제자가 되는 것은 생명을 구하는 일입니다. 얼마나 생명을 위해 자신을 드리는가에 따라 제자됨이 좌우됩니다.

말씀의 실천

1. 오늘 말씀에서 깨달음과 도전을 주는 말씀은 무엇입니까?

_____

_____

2. 오늘 말씀을 통해 이번 주에 실천해야 사항과 삶의 적용을 위한 구체적인 실천 계획을 말해 보십시오.

_____

_____

3. 오늘 말씀을 통해 발견한 기도제목은 무엇입니까? 아울러 함께 기도의 시간을 가지십시오.

_____

_____

내가 깨달은 영적 교훈과 삶의 적용

변화된 그리스도와
믿음 없는 세대

| 성경 본문 | 마가복음 9:2-29

예수께서 변화산에 제자들을 데리고 올라간 것은 앞으로
일어날 재림의 때와 연관이 있습니다. 이것은 선지자인
엘리야와 율법의 대표자인 모세가 나타남으로 예수님의
구원 사역에 대해 공인하시는 의미가 있습니다. 곧 예수
님이 하늘로 올라가시고 제자들만 남겨 두어야 할 상황에
서 제자들이 아직도 능력 있는 믿음을 가지지 못한 것을
안타까워하는 장면이 간질병 아이를 고치는 사건을 통해
서 나타나고 있습니다.

**말씀의
살핌**

1. 예수님이 세 제자들을 데리고 높은 산(헤르몬 산이 유력하다)에 올라갔을 때 일어난 신비한 일을 정리해 보십시오.(2-8)

2. 예수께서 산에서 내려오면서 산에서 일어난 일에 대해서 부활 때까지는 말하지 말라고 하시자 제자들이 가졌던 의문은 무엇입니까?(9-10)

3. 제자들이 엘리야가 먼저 와야 한다는 율법학자들의 이야기에 대해 묻자 주님은 무엇이라고 말씀하십니까?(11-13)

4. 예수님이 세 제자들과 산 위에 올라갔을 때 산 아래에서는 어떤 문제가 발생했습니까?(14-18)

5. 귀신 들린 아이를 고치지 못하고 헤매고 있는 제자들을 보고 예수님은 무슨 말씀을 하시면서 탄식했습니까? 주님은 이 문제를 어떻게 해결하셨습니까?(19-27)

6. 예수님이 집에 들어가시자 제자들은 어떤 의문감이 들었습니까? 그것에 대한 예수님의 대답을 말해 보십시오. (28-29)

1. 왜 주님은 세 명의 제자들을 따로 선택하여 (변화)산에 데리고 가셨습니까? 모세와 엘리야는 무엇의 대표입니까?

Tip 베드로, 야고보, 요한은 예수님이 사랑한 제자들 중에 측근입니다. 적어도 이들만은 예수님의 죽음을 이해하기를 바랐습니다. 그래서 천국의 모습을 미리 보여주셨습니다. 그것은 앞으로 십자가를 지는 데 힘이 됩니다. 예수님이 세 제자들에게 천상의 모습을 보여준 것은 주님과 십자가의 길을 함께 가는 제자가 되기 위한 것입니다. 천국을 확신하면 세상에서 고난을 이길 수 있습니다.

2. 귀신 들린 아이의 아버지가 예수님에게 나와서 "무엇을 할 수 있거든 우리를 불쌍히 여기소서"라고 말했을 때 아버지의 상태를 말해 보십시오. 또 예수께서 이것을 수정하여 믿음을 강조하신 것과 관련하여 제자들이 귀신을 쫓아내지 못한 사실과 연관하여 제자들의 실패 원인을

말해 보십시오.(참고. 마 17:20; 막 6:7, 11:24)

Tip 제자들은 힘을 썼지만 귀신 들린 아이를 고치지 못했습니다. 그것은 전적으로 하나님을 의지하지 않았기 때문입니다. 기도는 자기가 할 수 있는 것을 포기하고 하나님께 의지할 때 나타나는 겸손의 모습입니다. 귀신 들린 아이의 아버지가 예수님께 "할 수 있거든…" 이라고 말한 것은 아직 예수님을 잘 이해하지 못했기 때문입니다.

3. 믿음과 관련하여 능력 있는 참된 기도에 대해 말해 보십시오.

Tip 믿음은 기도와 긴밀하게 관련이 있습니다. 하나님을 믿는 사람은 당연히 기도하게 됩니다. 믿음으로 기도하면 하나님은 응답해 주십니다. 의심하지 않고 진실되게 기도하면 분명히 들어주십니다.

말씀의
실천

1. 오늘 말씀에서 깨달음과 도전을 주는 말씀은 무엇입니까?

2. 오늘 말씀을 통해 이번 주에 실천해야 사항과 삶의 적용을 위한 구체적인 실천 계획을 말해 보십시오.

3. 오늘 말씀을 통해 발견한 기도제목은 무엇입니까? 아울러 함께 기도의 시간을 가지십시오.

_____

_____

 내가 깨달은 영적 교훈과 삶의 적용

두 번째
수난의 비밀 예고

| 성경 본문 | 마가복음 9:30-50

예수님이 변화산에서 내려오면서 하신 수난에 대한 언급은 첫 번째와 달리 격식을 갖춘 내용입니다. 첫 번째는 자기 부인과 자기 십자가에 대한 말씀을 연결하여 말씀하셨지만 두 번째는 섬김의 도에 대해 말씀하고 있습니다. 십자가의 고난에 대한 구체적인 설명입니다. 십자가를 지는 일은 예수님에게뿐 아니라 제자들에게도 동일하게 해당되는 일입니다.

1. 왜 예수님은 자기를 아무에게도 알리지 않으셨습니까? 그리고 제자들에게 가르친 내용은 무엇이며 그것에 대한 제자들의 반응은 어떠했습니까?(30-32)

_____

_____

2. 가버나움의 한 집에 들어가셨을 때 예수님이 길을 가던 중에 제자들이 서로 토론한 것을 질문하자 제자들은 어떻게 대답했습니까? 그 이유는 무엇입니까?(33-34)

_____

_____

3. 예수님이 제자들에게 가르치신 제자도를 말해 보십시오. 특히 어린아이를 직접 실례로 들면서 가르쳤는데 그 내용은 무엇입니까?(35-37)

_____

_____

4. 요한은 예수님에게 자기의 무리에 속하지 않은 사람에 대해서 어떻게 처신해야 하는지를 물었는데 그 내용을 말해 보십시오.(38)

_____

_____

5. 예수님은 문제를 어떻게 해결하라고 말씀하셨는지 원리를 말해 보십시오.(39-40)

6. 구체적인 사례를 들어서 주님을 따르는 삶이 무엇인지를 설명한 예수님의 말씀을 정리해 보십시오.(41-48)

7. 소금과 불은 모두 정결케 하는 역할을 합니다. 그리스도인은 마음속에 있는 죄악을 어떻게 해야 합니까? 소금을 먹는 것은 동맹의 화목의 표시입니다. 아울러 그리스도인은 어떤 삶을 살아야 합니까?(49-50)

말씀의
깨달음

1. 왜 제자들은 예수님이 말씀한 두 번째 메시야 비밀에 대해 잘 깨닫지 못하고 두려워했습니까?

Tip 예수님이 십자가에 죽는다는 말을 들은 제자들은 그 의미를 몰랐습니다. 그래서 두려워했습니다. 예수님을 바라보고 모든 것을 버린 제자들에게 만약 예수님이 사라지면 얼마나 허망하겠습니까? 제자들에게 그런 일은 일어날 수 없는 일입니다.

2. 십자가의 삶은 자기를 버리고 남을 위한 희생의 삶입니다. 남을 실족하게 하거나 자신을 실족하게 하는 경우는 어떻게 하는 것이 더 낫습니까? 여기서 '손을 찍고… 발을 찍고… 눈을 빼어버리라' 는 의미는 어떤 뜻인지 말해 보십시오. 아울러 십자가를 지는 것은 섬김과 어떤 관계가 있습니까?

Tip '손을 찍고 발을 찍으라' 는 말은 문자적인 뜻이 아닌 강조의 성격을 지니고 있습니다. 그만큼 우리의 눈과 발과 손으로 다른 사람을 실족하게 하면 안된다는 뜻입니다. 사람을 실족하게 하는 것은 곧 생명을 빼앗는 것과 같습니다. 십자가를 지는 것은 곧 자신을 드려 다른 사람을 구하는 일입니다. 여기에는 봉사와 섬김이 절대적입니다. 인간의 힘으로는 불가능하고 하나님이 도와주셔야만 가능한 일입니다. 예수님의 제자가 되는 자격 조건이 있다면 그것은 주님의 말씀을 듣고 즉각 순종하는 것입니다. 예수님의 말씀에 순종할 수 있는 것은 그가 이미 제자의 자격을 갖추었다는 것을 의미합니다.

말씀의 실천

1. 오늘 말씀에서 깨달음과 도전을 주는 말씀은 무엇입니까?

---

2. 오늘 말씀을 통해 이번 주에 실천해야 사항과 삶의 적용을 위한 구체적인 실천 계획을 말해 보십시오.

---

3. 오늘 말씀을 통해 발견한 기도제목은 무엇입니까? 아울러 함께 기도의 시간을 가지십시오.

_____

_____

내가 깨달은 영적 교훈과 삶의 적용

이혼과
어린아이에 대한 교훈

| 성경 본문 | 마가복음 10:1-16

예수님은 공생애의 대부분을 갈릴리 지역에서 보내고 이제 예루살렘으로 향하게 됩니다. 예루살렘으로 가는 중간 도상이 베뢰아 지역입니다. 당시 유대인들은 유대로 갈 때에 사마리아 지역을 통과하지 않고 베뢰아 지역을 우회하는 것이 보통 관례였습니다. 10장은 예루살렘으로 가는 도상인 베뢰아 지역의 전도를 말하고 있습니다.

말씀의
살핌

1. 예수님이 드디어 지역을 옮겨 베뢰아(유대지경과 요단강 건너편)로 가는 중에 바리새인들이 시험을 했는데 어떤 내용입니까?(1-2)

2. 모세의 율법에는 이혼할 때 이혼증서를 써 주라고 했는데 기록된 (신 24:1) 이혼증서의 내용을 말해 보십시오.(3-4)

3. 이혼증서를 쓰라고 한 성경의 의미는 어디에 있습니까?(5)

4. 예수님이 가르치신 성경이 말하는 결혼과 이혼에 대한 교훈은 무엇입니까?(6-9)

5. 제자들이 다시 이 문제를 제기하자 이때 말씀하신 이혼(간음)에 대한 예수님의 교훈을 말해 보십시오.(10-12)

6. 사람들이 어린아이들을 예수님에게 데려오자 제자들은 어떻게 했습니까?(13)

7. 제자들에 대한 예수님의 반응은 어떠했습니까?(14)

8. 어린이들을 대하는 예수님의 행동과 그들을 통한 하나님나라의 교훈을 말해 보십시오.(15-16)(*유아세례의 근거를 삼는 구절)

1. 결혼과 이혼에 대한 예수님의 생각을 정리해 보십시오. 왜 바리새인들이 이런 문제를 예수님에 대한 시험거리로 제기하게 되었습니까?(참고. 마 5:31-32, 19:3-9; 신 24:1)

(이혼사유 : 샴마이학파—간음. 힐렐학파—아내가 요리를 망치거나 길가에서 싸움을 하거나 낯선 사람과 이야기를 하거나, 남편이 듣는 데서 남편의 친척을 경멸하거나, 소동이 나서 이웃집까지 소리가 들리는 경우. 아키바—남자의 눈에 아름다운 여자가 생겼을 때. 이혼에 대한 각 학파의 의견이 달라 그 당시 이혼은 중요한 문제였다.)

2. 제자들이 왜 어린아이의 부모를 꾸짖었나요? 예수님과 제자들의 어린아이를 대하는 관점의 차이점을 말해 보십시오. 아울러 어린아이의 성품과 특징과 관련하여 하나님나라의 교훈을 말해 보십시오.

말씀의
실천

1. 오늘 말씀에서 깨달음과 도전을 주는 말씀은 무엇입니까?

2. 오늘 말씀을 통해 이번 주에 실천해야 사항과 삶의 적용을 위한 구체적인 실천 계획을 말해 보십시오.

_____

_____

3. 오늘 말씀을 통해 발견한 기도제목은 무엇입니까? 아울러 함께 기도의 시간을 가지십시오.

_____

_____

내가 깨달은 영적 교훈과 삶의 적용

SCENE 5
부(재물)와 제자의 삶

| 성경 본문 | 마가복음 10:17-31

본문은 당시 사회적, 경제적 위치에서 볼 때 모범적인 청년이 가진, 선행으로 영생을 얻을 것이라는 잘못된 구원관과 이웃사랑에 대한 문제점을 제시하고 있습니다. 특히 물질을 많이 가지고 있는 사람들에 대한 경고를 하고 있습니다. 하나님을 얻는 것은 세상의 것을 버릴 때 가능한 일입니다. 둘 다 얻을 수는 없습니다. 이것은 제자의 길이 무엇인지를 보여줍니다.

말씀의 살핌

1. 예수님에게 달려온 한 사람(마태복음은 청년)의 고민은 무엇입니까?(17)

_____

_____

2. 영생을 얻기 위해서는 어떻게 해야 합니까?(18-19)

_____

_____

3. 어려서부터(6살 때부터) 율법을 다 지켰다는 청년에게 예수님은 어떤 문제를 제기하면서 해결점을 제시했습니까?(20-21)

_____

_____

4. 이 사람은 예수님의 명령에 어떤 반응을 했습니까?(22)

_____

_____

5. 재물이 있는 자에 대한 예수님의 가르침은 무엇입니까?(23)

_____

_____

6. 제자들이 놀라면서 의문을 제기하는 것에 대해 예수님은 어떤 비유를 들어서 말씀하십니까?(24-25)

7. 제자들이 더욱 놀라 서로 말한 내용은 무엇입니까?(26)

8. 예수님의 구원에 대한 명쾌한 해석을 말해 보십시오.(27)

9. 주님의 교훈에 감동을 받은 베드로는 어떻게 주님을 좇았다고 말하고 있습니까?(28)

10. 주님을 위하여 모든 것을 다 버리는 결단을 하는 사람에게 주어지는 축복은 무엇입니까?(29-30)

11. 예수님은 제자에 대한 경고로 어떤 말씀을 하십니까?(31)

말씀의
깨달음

1. 예수님에게 찾아온 한 사람(청년)의 근본적인 문제는 무엇입니까? 현대인의 표상이라고 할 수 있는 청년을 통하여 구원에 대한 교훈을 말해 보십시오.

_____

_____

Tip 현대인은 많은 고민을 갖고 있습니다. 세상의 모든 것을 다 가진 사람일수록 마음이 공허할 수 있습니다. 생명을 소유하지 못하면 다른 것을 아무리 많이 가져도 허무합니다. 주님에게 온 부자 청년이 좋은 예입니다. 부자 청년은 현대를 살아가는 사람들을 상징적으로 그리고 있습니다.

2. "사람으로는 할 수 없으되… 하나님으로서는 다 하실 수 있느니라"(27절)는 말씀을 통하여 발견되는 구원에 대한 원리와 영적 교훈을 말해 보십시오.

_____

_____

Tip 부자가 천국에 들어가는 것은 너무나 어렵습니다. 재물이 많으면 하나님을 거부하기 쉽습니다. 재물이 하나님이 되기 때문입니다. 그러나 하나님이 하시면 부자가 천국에 들어갈 수 있습니다. 하나님의 은혜를 받으면 가능합니다. 예를 들면 자기의 무덤을 주님께 드린 아리마대 요셉과 같은 사람이 그런 경우입니다.

3. 주님의 제자가 된다는 영적 의미를 정리해 보십시오. 아울러 세상의 재물과 명예와 관련하여 참된 제자도를 말해 보십시오.(참고. 막 8:34-35)

_____

_____

Tip 주님의 제자가 된다는 것은 오직 주님만을 따르는 것을 의미합니다. 세상의 복과 명예도 얻고 하나님께 영광도 얻기는 어렵습니다. 세상과 하나님을 둘 다 가질 수 없습니다. 둘 중에 하나를 포기해야 합니다. 하나님을 바라보면서 재물을 가지면 재물에 노예가 되지 않습니다. 제자는 하나님 아래에 재물을 두는 사람입니다.

4. 제자에게 주어지는 상과 축복에 대한 최종적인 평가는 오직 하나님의 날에만 알 수 있습니다. 먼저 된 자가 나중되고 나중 된 자가 먼저 된다는 말씀이 주는 영적 도전은 무엇입니까?

Tip 하나님을 위하여 세상을 버리고 자기 것을 희생한 사람에게는 더 큰 축복을 허락하십니다. 백 배나 받는다는 것은 희생에 대한 하나님의 보상이 있을 것을 말합니다. 이는 하나님나라를 경험하는 것으로 우리의 계산을 뛰어넘는 하나님의 보상입니다. 하나님을 위해서 한 일은 결코 헛되지 않습니다.

1. 오늘 말씀에서 깨달음과 도전을 주는 말씀은 무엇입니까?

---

2. 오늘 말씀을 통해 이번 주에 실천해야 사항과 삶의 적용을 위한 구체적인 실천 계획을 말해 보십시오.

---

3. 오늘 말씀을 통해 발견한 기도제목은 무엇입니까? 아울러 함께 기도의 시간을 가지십시오.

_____

_____

내가 깨달은 영적 교훈과 삶의 적용

SCENE 6

세 번째 수난
비밀과 십자가의 길

| 성경 본문 | 마가복음 10:32-52

본문의 내용은 마가복음 8:31-38과 9:30-32에 이어서 세 번째 나오는 예수님의 수난 예고에 대한 기사입니다. 이 내용은 앞의 내용에 비해 더 구체적이고 상세한 특징을 가지고 있습니다. 점점 예루살렘으로 향하는 시간이 촉박해 옴을 느낄 수 있습니다. 예수님에게 십자가 죽음이 다가왔음을 암시하는 분위기입니다. 이것은 예수께서 이 세상에 오신 목적에 대한 점층적이며 구체적인 제시이기도 합니다. 병행 구절인 마태복음 20:17-19과 누가복음 18:31-33과 연관하여 내용을 살펴보면 더욱 분명하게 내용을 파악할 수 있습니다.

말씀의 살핌

1. 십자가의 죽음이 점차 다가오고 있음을 말하는 구절을 찾아 보십시오. (32)

_____

_____

2. 예수님의 이상한 행동에 제자들은 어떤 반응을 보였습니까?(32)

_____

_____

3. 제자들에게 말씀하신 예수님의 수난에 대한 비밀은 무엇입니까?(32-34)

_____

_____

4. 야고보와 요한은 이때 예수님께 나아와 무엇을 간구했습니까?(35-37)(참고. 마 20:20)

_____

_____

5. 주님의 좌우편에 앉게 해달라는 제자의 요구에 예수님은 무엇으로 답을 하셨습니까?(38)

_____

_____

6. 예수께서 마시는 잔을 마실 수 있다는 야고보와 요한의 대답에 주님은 무엇이라 말씀했습니까?(39-40)

7. 듣고 있던 다른 제자들의 반응은 어떠했습니까?(41)

8. 예수님은 아직도 주님의 죽음과 제자의 길에 대한 이해가 부족한 제자들을 어떻게 가르치셨는지 그 내용을 말해 보십시오.(42-45)

9. 마가복음의 클라이맥스 같은 장면인 10:45의 내용을 이해하기 쉽게 정리해 보십시오.

10. 예루살렘에 가까운 여리고(유대 지역)에 왔을 때 어떤 일이 일어났습니까?(46-47)

11. 소경이 소리를 지르자 사람들은 무엇이라 했으며 그럼에도 불구하고 소경은 어떻게 행동했습니까?(48)

_____

_____

12. 예수님이 바디매오를 고쳐 주신 과정을 말해 보십시오. (49-52)

_____

_____

1. 예수께서 세 번에 걸쳐 수난 예고를 하셨음에도 두 제자와 다른 제자들은 오직 자기의 영광을 구하고 있는데 왜 이런 동상이몽의 상황이 생겼습니까? 이때의 예수님의 심정을 말해 보십시오.

_____

Tip 예수님은 지금 이 길이 어디로 향하는지 세 번에 걸쳐서 제자들에게 말씀하셨습니다. 그러나 제자들은 그것을 알아듣지 못했습니다. 그 이유는 자기 생각으로 가득 차 있기 때문입니다. 자기 목적과 생각으로 가득 차면 다른 사람의 말이 들어오지 않습니다. 이런 제자들을 보신 예수님은 안타까워했을 것입니다.

2. 예수님이 말씀하시는 잔과 세례가 의미하는 것은 무엇입니까?(참고. 고후 1:5) 두 제자는 왜 잔을 마실 수 있다고 했습니까? 다른 제자들이 분노한 것을 통해 얻을 수 있는 깨달음은 무엇입니까?

3. 예수님의 뒤를 따르는 십자가의 길은 어떤 길인지 말해 보고 왜 고난
과 섬김과 희생이 따라야 하는지도 이야기해 보십시오.

4. 바디매오에게서 발견되는 도전받는 믿음의 모습을 말해 보십시
오.(믿음으로 눈을 뜨고 예수님을 좇는(52절) 제자의 특징을 가진 바디
매오와 아직도 영적으로 무지한 제자들을 연관하여)

말씀의 실천

1. 오늘 말씀에서 깨달음과 도전을 주는 말씀은 무엇입니까?

_____

_____

2. 오늘 말씀을 통해 이번 주에 실천해야 사항과 삶의 적용을 위한 구체적인 실천 계획을 말해 보십시오.

_____

_____

3. 오늘 말씀을 통해 발견한 기도제목은 무엇입니까? 아울러 함께 기도의 시간을 가지십시오.

_____

_____

내가 깨달은 영적 교훈과 삶의 적용

_____

_____

_____

_____

SCENE 7

예루살렘 입성

| 성경 본문 | 마가복음 11:1-18

지금까지 갈릴리와 베뢰아 전도를 마치고 이제 예루살렘 전도가 시작됩니다. 예루살렘의 전도는 33년 간 공생애 기사 중에서 가장 중요한 내용입니다. 특히 예수님의 수난에 많은 부분을 할애하고 있습니다. 예를 들면 마태는 3분의 1, 누가는 4분의 1, 마가는 5분의 2를 할애하고 있고, 마가는 이 중 거의 40%를 일주일 간의 수난기사에 집중하고 있습니다. 그만큼 십자가의 죽음이 예수님의 복음사역에 핵심을 차지하고 있음을 알 수 있습니다.

말씀의 살핌

1. 예수님은 예루살렘에 가까이 와서 제자 둘(베드로와 요한, 눅 22:8)을 보내면서 무엇을 명하셨습니까?(1-3)

_____

_____

2. 제자들이 경험한 놀라운 말씀의 내용을 말해 보십시오.(4-6)

_____

_____

3. 예수께서 준비된 나귀 새끼를 타고 예루살렘으로 들어가시자 사람들은 어떤 반응을 했습니까?(7-10)

_____

_____

4. 예수님이 예루살렘에 들어가셔서 일요일에 하신 일을 말해 보십시오.(11)

_____

_____

5. 이 날(월요일)에 베다니에서 나왔을 때 길에서 일어난 기적 사건(수난주간의 유일한 기적이며 마지막 이적)은 무엇입니까?(12-14)

_____

_____

6. 예루살렘 성전에 들어가셨을 때 성전 안에서는 어떤 일이 일어났습니까?(15-16)

_____

_____

7. 예수님이 성전 안에서 장사하는 사람들을 쫓으시고 그들에게 가르쳐 이른 말씀과 이에 대한 대제사장들(사두개파)과 서기관들(바리새파)과 무리들의 반응은 무엇입니까?(17-18)

_____

_____

말씀의
깨달음

1. 예수님의 예루살렘 입성을 위해 나귀를 준비하고 그 나귀를 기꺼이 바친 무명의 나귀 주인의 믿음을 보고 느낀 점은 무엇입니까? 나귀를 타고 예루살렘 성으로 들어가시는 것은 예언의 성취로써 이루어진 일입니다. 왜 예수님은 아무도 타지 않은 나귀 새끼를 탔을까요?(참고. 슥 9:9; 계 7:9)

_____

Tip 이제 예수님의 목표지점이 가까웠습니다. 이스라엘 왕으로 들어가시는 상황에서 그냥 들어가는 것은 문제가 있습니다. 그런 의미에서 나귀를 타고 들어가는 것은 의미가 있습니다. 아무도 타지 않은, 오직 주님을 위해서 준비된 나귀입니다. 예수님이 오신 것은 세상을 지배하는 왕이 아닌 섬기며 희생하고 죽으시는 겸손한 왕임을 나귀를 통해서 우리에게 보여주고 있습니다. 이것은 이미 오래전에 구약에서 예언된 내용의 성취입니다. 우연한 사건이 아닌 오랫동안 준비된 때에 맞는 사건입니다.

2. 군중들이 외친 호산나의 성경의 원래 의미(시 118:25)와 군중들이 생각한 호산나(만세, 환호성)의 의미는 어떤 면에서 서로 달랐는데 그 차이를 말해 보십시오.

Tip 지금 군중들이 외치는 호산나 찬송은 본래 의미와 달랐습니다. 정치적인 구원으로서 호산나입니다. 그러나 예수님은 희생물로서 죽음을 통해 구원하는 호산나입니다. 이것은 이미 구약에서 약속된 성취로서의 사건입니다. 구약성경을 잘 이해했다면 이때 주님을 제대로 알아보았을 것입니다. 이 사건은 우연한 일이 아닌 이미 일어나리라고 말한 내용의 응답입니다.

3. 예수님은 잎사귀만 있는 무화과나무를 저주하시고 성전에서 장사꾼들을 쫓아내시면서 성전이 기도하는 집이 되지 아니함을 안타까워했습니다. 이 두 사건은 서로 상반된 사건이면서 서로 연관성을 가지고 있는데 그것은 무엇입니까?(있어야 할 것이 없는 무화과나무와 없어야 할 것이 있는 성전의 모습)

Tip 잎만 무성한 무화과나무가 저주를 받아서 말라 버린 것은 이스라엘의 지금의 모습을 말합니다. 서기관들과 대제사장들은 잎만 무성한 사람들입니다. 그들은 성전을 장사하는 곳으로 만들었고 본래 주인인 예수님을 쫓아냈습니다. 예수님이 성전에 온 것은 주인이 오신 것인데 사람들은 그것을 알지 못하고 오히려 예수님을 죽이려 했습니다.

4. 성전에 대한 바른 이해를 말해 보십시오. 종교 지도자들이 성전을 악용하면서 이런 부패의 지경에까지 이르게 된 이유와 오늘날의 모습

과 연관하여 하나님이 주시는 경고를 말해 보십시오.

Tip 성전은 하나님이 거하시는 곳으로 모든 사람이 기도하는 곳입니다. 하나님과 교제
하고 말씀을 나누는 곳입니다. 왜냐하면 하나님은 곧 말씀이기 때문입니다. 그리고
성전은 건물이 아닌 그리스도를 주로 고백하는 사람들이 모이는 공동체입니다. 즉
사람이 성전입니다. 그런 이유로 예수님은 장사하는 사람들을 몰아내셨습니다. 본
래의 성전이 아닌 변질된 성전의 모습이었기 때문입니다.

1. 오늘 말씀에서 깨달음과 도전을 주는 말씀은 무엇입니까?

---

2. 오늘 말씀을 통해 이번 주에 실천해야 사항과 삶의 적용을 위한 구체
적인 실천 계획을 말해 보십시오.

---

3. 오늘 말씀을 통해 발견한 기도제목은 무엇입니까? 아울러 함께 기도
의 시간을 가지십시오.

내가 깨달은 영적 교훈과 삶의 적용

SCENE 8

믿음의 기적과 권세 문제

| 성경 본문 | 마가복음 11:19-33

예수님과 종교적 지도자들의 충돌은 처음부터 제기되었습니다. 갈릴리에서부터 시작된 교권주의자들과의 충돌은 예루살렘에서는 본격화되면서 그 정도가 심해집니다. 이런 충돌은 예수님의 십자가 죽음으로 그대로 이어집니다. 그들은 예수께 별다른 허물을 발견하지 못하자 다른 문제를 제기하면서 그 말을 트집 잡아 십자가에 죽이는 과정을 보여줍니다. 마가복음 11:27-12:44까지는 이런 교권주의자들과 충돌되는 대립의 상황을 묘사하고 있고 말의 꼬투리를 잡아 예수님과 백성들을 이간질하려는 의도를 나타냅니다. 그 문제들을 보면 권위, 납세, 부활, 계명, 다윗의 자손 문제 등입니다.

말씀의
살핌

1. 성전숙정 다음 날 아침에 예수께서 저주한 무화과나무가 어떻게 되었습니까? 아울러 이것을 통해 주신 예수님의 교훈은 무엇입니까?(19-23) (무화과나무는 3월에 심어서 5-6월 말에 열매를 맺는다.)

_____

_____

2. 기도에 대한 예수님의 교훈을 말해 보십시오.(24-25)

_____

_____

3. 성전숙정한 일이 직접적인 계기가 되어 교권주의자들이 예수님께 제기한 문제의 내용은 무엇입니까?(27-28)

_____

_____

4. 반대자들의 문제 제기에 대해 예수님은 종종 반문법을 사용하여 다시 질문하면서 질문자 스스로 대답하게 하는 방법을 취하셨습니다. 예수께서 반문하신 질문을 말해 보십시오.(29-30)

_____

_____

5. 교권주의자들은 예수님의 질문을 받고 어떤 어려움을 겪었습니까? (31-32)

6. 교권주의자들의 대답과 예수님의 대답을 말해 보십시오.(33)

말씀의 깨달음

1. 무화과나무가 저주받아 뿌리부터 말랐는데 이 사건이 주는 의미는 무엇이며 이것과 믿음은 어떤 관계가 있습니까?

Tip 하나님의 말씀의 힘이 어느 정도인지를 보여줍니다. 예수님의 저주 한 마디에 나무가 뿌리째 죽게 되었습니다. 말씀을 믿고 행하면 이처럼 놀라운 힘을 발휘합니다. 무화과나무가 뿌리째 말랐다는 것은 이스라엘의 불신앙의 모습을 그리고 있고 그 결과가 어떠한지를 말하고 있습니다.

2. 기도 응답에 가장 중요한 요소는 무엇이며 왜 그것을 통해서 기도가 응답되는지 말해 보십시오.

Tip 기도는 하나님께 구하는 것입니다. 믿음을 구하는 것은 하나님이 들어주시고 그것은 이미 응답을 받은 것입니다. 다른 사람을 용서해야 기도를 응답하신다는 것은 바른 마음을 가지고 기도해야 함을 의미합니다. 그의 뜻대로 기도할 때 하나님은 들어주십니다.

3. 대제사장들과 서기관들과 예수님이 권세의 문제를 토론하는 과정에서 느끼는 영적 교훈을 말해 보십시오.(유대 교권주의자들은 모든 종교적인 권세는 산헤드린 공회에 있다고 생각했다.)

_____

_____

Tip 예수님의 권세는 하나님으로부터 받은 것이었습니다. 그러나 대제사장들과 서기관들의 권세는 산헤드린 공의회에서 부여된 것이었습니다. 질문에 대해 다시 질문으로 답하는 것은 탁월한 논쟁법입니다. 답하면서 스스로 깨닫게 하는 예수님의 질문법을 보게 됩니다.

말씀의
실천

1. 오늘 말씀에서 깨달음과 도전을 주는 말씀은 무엇입니까?

_____

_____

2. 오늘 말씀을 통해 이번 주에 실천해야 사항과 삶의 적용을 위한 구체적인 실천 계획을 말해 보십시오.

_____

_____

3. 오늘 말씀을 통해 발견한 기도제목은 무엇입니까? 아울러 함께 기도의 시간을 가지십시오.

내가 깨달은 영적 교훈과 삶의 적용

종교적 문제와 정치적 문제

| 성경 본문 | 마가복음 12:1-17

예수님은 유대 지도자들에게 이스라엘 백성과 그리스도의 관계를 논하면서 먼저 공격하여 그들을 무력화시키킵니다. 그들의 질문에 대한 역습으로 비유를 통하여 현재자신과 유대인들과의 관계를 이야기합니다. 포도원 비유는 상당한 효과를 발휘하여 교권주의자들은 종교적인문제로는 예수님의 허물을 잡기 힘들다는 것을 알고 다시 정치적인 문제인 세금문제를 들고 반격합니다.

말씀의
살핌

1. 포도원 비유 중에서 농부들은 주인이 보낸 세 명의 종을 어떻게 했습니까?(1-5)

2. 마지막으로 온 주인의 아들을 농부들은 어떻게 했습니까?(6-8)

3. 이것을 안 주인의 태도는 어떠합니까?(9)

4. 예수님은 자신이 할 말을 성경에서 인용하면서 결론을 맺고 있는데 그 내용을 말해 보십시오.(10)

5. 이 비유를 듣고 종교 지도자들은 어떻게 행동했습니까?(11-12)

6. 저들이 예수님을 책잡으려고 종교적인 바리새인과 로마 정권과 합세한 정치적인 헤롯당 사람을 보내어 종교와 정치적인 문제로 올무를 씌

우려고 했는데 그 문제를 말해 보십시오?(13-15)

_____

_____

7. 그 문제에 대한 예수님의 명쾌한 해결책을 말해 보십시오.(16-17)

_____

_____

1. 예수님은 포도원 비유만 말씀하시고 특별한 문제를 지적하지 않았습니다. 그럼에도 반대자들은 그 이야기의 의미를 금방 알아듣고 스스로 마음에 걸려 예수님을 죽이려고 했습니다. 이 모습을 통해 발견되는 대적자들을 대하는 그리스도인의 현명한 처세법과 비유(이야기)의 능력을 정리해 보십시오.

_____

Tip 예수님은 대적자들에게 비유를 주로 사용하셨습니다. 그것은 비유를 통하여 스스로 깨닫게 하는 강점이 있기 때문입니다. 그리고 그들의 비난을 피하는 의미도 있습니다. 비유는 그 뜻이 분명하지 않기에 그것을 문제 삼기 어렵습니다.

2. 납세 문제를 들고 나와서 예수님을 궁지에 몰아넣으려고 했던 바리새인과 헤롯당은 사실 납세 문제에 대해 서로 상반된 의견을 가지고 있

어 함께할 수 없는 사람들입니다. 바리새인들은 가이사에게 세를 바치는 것에 반대했지만 헤롯당은 찬성했습니다. 그런데도 이런 사람들이 예수님을 궁지에 몰아넣기 위해 서로 의기투합을 한 것을 통해 발견되는 영적 의미를 말해 보십시오.

Tip 악한 사람은 악을 위해서는 서로 하나가 됩니다. 평소에 다른 의견을 가지다가도 예수님을 죽이는 문제에 대해서는 서로 합의를 했습니다. 서로 자기 유익을 구하는 세상의 정치세력의 모습을 발견하게 됩니다. 악한 세상은 결국 하나입니다. 겉은 다르지만 멸망에 이르는 면에서는 모두 같습니다.

3. '가이사의 것은 가이사에게 하나님의 것은 하나님에게' 라는 말을 통해 제3의 안을 제시하면서 양자의 문제를 다 해결하는 예수님의 지혜는 우리가 배워야 할 부분입니다. 예수께서는 외식하지 말라고 하면서 데나리온(로마 동전) 하나를 주님에게 보이라고 하였습니다. 이런 능력을 소유하려면 우리에게 어떤 훈련이 필요합니까?

(참고. 로마의 세는 남자 14세 이상, 여자 12세 이상에서 65세까지 바치는 인두세로, 많은 사람들의 반대에 부딪쳤습니다. 데나리온은 납세를 위해 만든 은전으로 표면에는 가이사 황제의 얼굴과 이름이 새겨져 있고("가이사 디베료, 신성한 아구스도의 아들, 만인의 주") 동전 이면에는 그의 모친 리비아의 초상이 있었습니다. 당시 유대인은 돈에 사람의 얼굴을 그리는 것은 십계명의 2계명을 위배한다고 생각하여 가지고 다니지 않았고 성전에서 돈을 바꾸어 헌금을 드렸습니다(11:15). 물론 세를 바칠 때는 다시 바꾸어 가이사의 동전을 사용했습니다.)

Tip 예수님처럼 문제를 해결하기 위해서는 양자를 모두 잘 알아야 합니다. 그리고 서로 비교하는 가운데 그것에 대한 의미를 찾아냅니다. 이렇게 하기 위해서는 사물의 겉

모습만 보는 것이 아닌 내적인 것을 볼 수 있는 통찰력이 있어야 합니다. 사물의 깊은 영적 의미를 찾아내는 평소의 훈련이 필요합니다.

1. 오늘 말씀에서 깨달음과 도전을 주는 말씀은 무엇입니까?

_____

_____

2. 오늘 말씀을 통해 이번 주에 실천해야 사항과 삶의 적용을 위한 구체적인 실천 계획을 말해 보십시오.

_____

_____

3. 오늘 말씀을 통해 발견한 기도제목은 무엇입니까? 아울러 함께 기도의 시간을 가지십시오.

_____

_____

내가 깨달은 영적 교훈과 삶의 적용

부활과 계명과
다윗의 자손 문제

| 성경 본문 | 마가복음 12:18-44

바리새인과 사두개인은 우파와 좌파격입니다. 이들은
번갈아 가면서 예수님을 공격하며 곤경에 빠지게 했습니
다. 정치적 문제와 교리적 문제를 통하여 예수님을 옭아
매려고 끈질기게 시도했습니다. 이에 대해 예수님도 같
이 반격하며 그들의 잘못된 생각을 깨우치는 모습을 볼
수 있습니다.

말씀의 살핌

1. 부활을 믿지 않는 현실주의자인 사두개인들이 예수님께 제기한 문제는 무엇입니까?(18-23)

_____

_____

2. 예수님은 부활에 대해서 어떻게 대답했습니까?(24-27)

_____

_____

3. 바리새파인 서기관 중 한 사람이 계명 문제를 가지고 나와서 예수님에게 질문했는데 그 내용은 무엇입니까?(28)

_____

_____

4. 이것에 대한 예수님의 대답은 무엇입니까?(29-31)

_____

_____

5. 서기관은 어떻게 주님의 말씀에 찬성했으며 또 주님은 어떻게 칭찬했습니까? 또 이 사건을 계기로 주님의 공중 전도는 막을 내리게 되는데 반대자들의 반응은 어떠했습니까?(32-34)

_____

_____

6. 예수님은 자신에 대한 잘못된 메시야관을 고치기 위해 성전에서 가르칠 때 그리스도가 다윗의 자손이라는 서기관들의 의문 제기에 어떻게 대답했습니까?(35-37)

_____

_____

7. 예수님은 사람들에게 서기관들의 문제점을 지적하고 있는데 그 내용은 무엇입니까?(38-40)

_____

_____

8. 예수님은 피곤하여 연보궤에 앉으셔서 사람들이 연보하는 것을 보고 명망 있는 높은 지위의 서기관(과부의 재산을 삼키는)은 책망하시고 반면에 소외된 과부에 대해서는 칭찬했는데 무엇을 보시고 칭찬했습니까?(41-44)(참고. 두 렙돈(히브리 화폐) 한 고드란트(로마 화폐로 눅 12:59에 호리라고 번역되었다)는 가장 작은 화폐 단위)

_____

_____

1. 사두개인들은 현세주의자이면서 율법에 충실했습니다. 그들은 구약 중에 모세 오경만 읽었고 하나님을 믿었지만 부활이나 천사를 부정했

습니다. 귀족적 제사장 계급으로 공회원 세력을 가졌습니다. 사두개인 은 신명기 25:5-6을 근거로 아우가 형수를 취하여 가문을 잇게 하는 결 혼을 들어 부활에 의문을 제기하는데, 이에 대해 예수님은 모세 오경의 아브라함의 하나님이라는 말로 결론적인 대답을 합니다. 이것이 주는 의미는 무엇입니까?

Tip 예수님은 문제의 해결로 성경을 다시 풀어 해석하는 방법을 취하셨습니다. 성경을 토대로 문제를 해결하는 방법에서 구약을 폐하는 것이 아닌 구약을 완성하는 모습을 볼 수 있습니다. 성경을 오해하는 데서 이런 문제가 생깁니다. 성령의 도우심을 바라 고 말씀을 깊이 묵상하면 문제가 해결됩니다. 새로운 것이 아닌 이미 있는 것에서 해 결점을 찾는 예수님을 발견하게 됩니다.

2. 유대인들은 10계명뿐 아니라 613개의 구전 계명들(적극적인 계명 248개와 소극적인 계명 365개)을 놓고 어느 것이 크고 무겁고 작고 가 벼운지를 끝없는 논쟁했습니다. 이런 풀리지 않는 숙제를 주님에게 가 지고 와서 시험하다가 서기관은 오히려 좋은 깨달음을 얻게 됩니다. 이 것을 통해 알 수 있는 올바른 성경 연구 자세에 대해 말해 보십시오. 아 울러 하나님 사랑과 이웃 사랑의 방법을 말해 보십시오.

Tip 성경의 핵심은 사랑입니다. 사랑의 정신을 가지고 성경을 해석하면 모든 것이 해석 될 수 있습니다. 그러나 중심을 모르면 성경 해석이 난해하게 됩니다. 성경을 연구할 때 우리는 하나님을 더욱 더 사랑하는 마음을 가지고 진실한 자세로 공부해야 합니 다. 그런 중심을 보시고 하나님은 은혜를 주십니다. 언제나 겸손한 자에게 은혜를 주 십니다.

3. 예수께서 높은 자리를 좋아하고 과부의 것을 탐내는 서기관의 악한 행동을 꾸짖으면서 과부의 헌금 장면을 보시고 칭찬하는 대조적인 이야기가 나옵니다. 이것을 통하여 느끼는 영적 도전을 말해 보십시오.

Tip 과부와 서기관은 신분과 지위에서 차이가 납니다. 서기관은 높은 것을 좋아하는 악한 모습을 지니고 있습니다. 그러나 과부는 자기의 약함을 알고 하나님을 전적으로 의지합니다. 헌금함에 연보를 하는 과부는 자기의 모든 것을 다 드립니다. 액수가 중요한 것이 아니라 헌금을 드리는 자세가 중요합니다. 언제나 하나님의 눈으로 헌금을 해야 할 것입니다.

말씀의
실천

1. 오늘 말씀에서 깨달음과 도전을 주는 말씀은 무엇입니까?

---

2. 오늘 말씀을 통해 이번 주에 실천해야 사항과 삶의 적용을 위한 구체적인 실천 계획을 말해 보십시오.

---

3. 오늘 말씀을 통해 발견한 기도제목은 무엇입니까? 아울러 함께 기도의 시간을 가지십시오.

_____

_____

내가 깨달은 영적 교훈과 삶의 적용

종말적 재난의 징조와 대환란의 모습

| 성경 본문 | **마가복음 13:1-23**

13장은 신약성경 중에서 현대 독자들이 가장 이해하기 어려운 장입니다. 가장 유대적인 장 중 하나이기 때문입니다. 이 장은 처음부터 마지막까지 유대인의 역사와 유대인 사상을 견지합니다. 또 예루살렘에서의 마지막 공적인 강화로 종말적 예언의 내용을 담고 있습니다. 그래서 소계시록이라고 불립니다. 이 장은 예루살렘의 멸망에 관한 예언(1-23)과 그리스도의 재림과 종말에 관한 예언(24-36)으로 구성되어 있습니다.

1. 예수님이 성전을 나가실 때 제자 중 한 사람은 무엇을 질문했으며 그 것에 대한 예수님의 대답은 무엇입니까?(1-2)

(참고. 헤롯이 지은 성전은 성전 입구에 40척(120미터) 되는 대리석 기둥들이 서 있고 건물은 흰 대리석으로 세워졌다. 기둥은 금색으로 장식하고 문들은 황금을 입혀 햇빛이 비추일 때 화려한 모습이 아름다웠다. 9년 만에 외형은 완공되었으나 내부 공사가 계속되어 예수님의 공생애 때까지 계속 건설 중이었다(46년. 요 2:20). 그 후에도 계속 건축되어 82년 만에 완공되었다.)

_____

_____

2. 세 제자가 감람산에서 성전을 보면서 예수님께 조용히 질문한 내용은 무엇입니까?(3-4)

_____

_____

3. 예수님의 대답은 무엇입니까?(5-10)

―첫 번째 징조(6)

_____

―두 번째 징조(7)

_____

―세 번째 징조(8)

_____

―네 번째 징조(9-10)

_____

4. 핍박에 대한 성도들의 자세는 무엇입니까?(11-13)

_____

_____

5. 가까이는 예루살렘의 멸망, 멀리는 종말론적인 멸망이 닥치는데 이때는 어떤 일이 일어납니까?(14) (실제 주전 168년에 수리아 왕 안티오커스가 예루살렘 성전 번제단 위에 주피터 신상을 세웠다. 마태는 서지 못할 곳은 거룩한 곳인 성전이라 말하고 있다.)

_____

_____

6. 멸망의 날이 다가올 때를 위하여 예수님은 유대인들에게 어떤 구체적인 지침을 말씀해 주셨습니까?(14-18)

—유대에 있는 자들은 ?

_____

—지붕 위에 있는 자들은?

_____

—밭에 있는 자들은?

_____

—아이 밴 자들과 젖 먹이는 자들은?

_____

—어떤 것을 위해 기도해야 하나

_____

7. 마지막 때는 어떤 환란이 일어납니까?(19)(참고. 요세푸스; 유월절에 운집한 유대인들 110만 명이 죽었다. 9만 7천 명이 사로잡혀갔다.)

_____

_____

8. 환란 때에 하나님의 자녀에게 베푸시는 하나님의 사랑을 말해 보십시오.(20)

_____

_____

9. 환란의 때에는 어떤 일이 일어납니까? 아울러 이런 환란을 대비하여 예수님이 하신 일은 무엇입니까?(21-23)

_____

_____

말씀의
깨달음

1. 대적자들이 믿음의 사람을 끌어다가 넘겨줄 때에 무슨 말을 할까 미리 염려하지 말고(미리 연구하지 말고; 눅) 그때 주시는 성령의 음성을 따르라고 했는데 그 이유는 무엇입니까?(참고. 눅 21:14)

_____

Tip 어려움을 당해서 어떻게 해야 할지 모를 때 하나님의 자녀들은 기도하면 성령님께서

도와주십니다. 우리 안에 계신 성령님의 역할은 우리가 어려움에 처할 때 도와주시는 분입니다. 이런 분이 우리 안에 있다고 생각하면 우리는 어떤 상황에서도 포기하지 말고 주님을 신뢰하는 삶을 살아야 할 것입니다.

2. 하나님의 마지막 때는 어떻게 일어나는지 그 특징을 오늘 본문을 통하여 다시 정리해 보십시오. 이것이 주는 현재적 교훈은 무엇입니까?

_____

_____

Tip 종말의 때는 언제 일어날지 아무도 모릅니다. 우리는 이런 말씀을 통하여 종말은 분명히 임한다는 사실을 확신할 수 있습니다. 거짓 선지자에게 미혹되지 말고 말씀에 충실한 삶을 살면서 주님을 기다리는 것이 현명한 모습입니다. 오늘 하루를 종말이라 생각하고 하나님 앞에서 최선을 다하는 자세가 중요합니다.

말씀의
실천

1. 오늘 말씀에서 깨달음과 도전을 주는 말씀은 무엇입니까?

_____

_____

2. 오늘 말씀을 통해 이번 주에 실천해야 사항과 삶의 적용을 위한 구체적인 실천 계획을 말해 보십시오.

_____

_____

3. 오늘 말씀을 통해 발견한 기도제목은 무엇입니까? 아울러 함께 기도의 시간을 가지십시오.

_____

_____

내가 깨달은 영적 교훈과 삶의 적용

종말을 대하는 자세

| 성경 본문 | 마가복음 13:24-37

예수님의 재림은 종말이 있은 후에 일어납니다. 본문의 내용은 이스라엘 멸망이란 국부적인 것에서 한 걸음 나아가 전 우주적인 종말을 제시하고 있습니다. 종말은 개인적인 종말과 역사적인 종말이 있습니다. 그리스도인은 언제나 이 종말을 준비해야 합니다. 그리고 종말론적인 자세로 현재를 적극적으로 살아야 합니다.

1. 주님이 재림하는 그 시기에 천지의 변화는 어떠합니까?(24-27)

_____

_____

2. 무화과나무의 비유에서 배우는 것을 말해 보십시오.(28)

_____

3. 종말이 가까이 왔다는 것은 결국 무엇이 가까이 왔다는 것입니까? (29)

_____

_____

4. 세상의 마지막이 와도 끝까지 존재하는 것은 무엇입니까?(31)

_____

_____

5. 종말을 대하는 그리스도인의 바람직한 자세들을 정리해 보십시오.(32-37)

_____

_____

말씀의
깨달음

1. 종말의 때에 그리스도인이 환란과 핍박을 이기는 길은 무엇입니까?

_____

_____

Tip 영적으로 깨어서 하나님의 약속을 의지하는 삶을 살아야 합니다. 마지막 때가 오면
어느 것도 믿을 수 없습니다. 역사는 사람의 생각대로 진행되는 것이 아니라 하나님
의 약속에 따라 진행됩니다. 이런 때일수록 약속을 더욱 붙잡아야 합니다.

2. 종말 때일수록 우리는 하나님의 말씀에 충실해야 합니다. 그러나 이
것을 잘 알지 못하는 사람이 많은데 그 이유는 무엇입니까? 마지막 때
가 가까울수록 왜 말씀이 소중한지 말해 보십시오.

_____

_____

Tip 마지막이 가까울수록 미혹되지 않도록 해야 합니다. 비진리가 사람을 혼란하게 합
니다. 마귀는 속임수에 능합니다. 마귀를 이기는 길은 오직 하나입니다. 진리에 거
하는 것입니다. 다른 것으로는 마귀의 속임수를 발견할 수 없습니다. 종말의 때에 오
직 붙잡을 수 있는 것은 영원히 변하지 않는 하나님의 약속입니다.

말씀의
실천

1. 오늘 말씀에서 깨달음과 도전을 주는 말씀은 무엇입니까?

_____

_____

2. 오늘 말씀을 통해 이번 주에 실천해야 사항과 삶의 적용을 위한 구체적인 실천 계획을 말해 보십시오.

---

3. 오늘 말씀을 통해 발견한 기도제목은 무엇입니까? 아울러 함께 기도의 시간을 가지십시오.

내가 깨달은 영적 교훈과 삶의 적용

헌신자와 배신자

| 성경 본문 | 마가복음 14:1-21

14장은 복음서의 마지막 부분으로 주님의 수난과 부활의 내용을 자세히 그리고 있습니다. 마가복음의 클라이맥스인 이 부분을 마가는 자세하게 기록하고 있습니다. 또 모든 복음서 기자가 이 부분을 각자 특징에 따라 상세하게 그리고 있는 것은, 시간적으로는 일주일의 짧은 기간임에도 많은 분량을 할애하면서 그 중요성의 정도를 말해 주고 있습니다.

말씀의 살핌

1. 유월절과 무교절에 대제사장들과 서기관들은 예수님을 어떻게 하려고 했습니까?(1-2) (요세푸스; 유월절 명절에는 전국에서 사람들이 모였는데 약 120만이 모였다고 한다.)

2. 4복음서가 다같이 기록하고 있는, 예수님이 한 여인(마리아)으로 부터 기름부음을 받은 사건이 일어나는데 그 내용을 정리해 보십시오.(3-9)

―집 주인 시몬이 한 일은?

―한 여자가 한 일은?

―주위 사람들(가룟 유다)이 한 일은?

―예수님이 하신 축복의 말씀은?

3. 가룟 유다는 이후에 어떤 일을 꾸몄습니까?(10-11)

4. 예수님은 유월절을 위해 제자들에게 무엇을 준비하게 했습니까?(12-

16)

_____

_____

5. 예수님은 14일 저녁, 즉 유월절 15일이 시작되는 시간에 마가의 다락방에서 제자들과 같이 최후의 만찬을 하면서 유다를 통해 죽음의 선언을 하시는데 그 내용을 말해 보십시오. (17-21)

_____

_____

말씀의 깨달음

1. 제자들이 알아서 해야 할 일인데 한 여자가 값비싼 향유를 예수님의 머리에 부은 것은 제자들에게 상당히 자존심 상하는 일입니다. 여자의 행동을 통해 발견되는 믿음의 교훈을 말해 보십시오.

_____

Tip 믿음은 아직 일어나지 않는 것을 오늘 일어날 것으로 보고 그대로 사는 것을 말합니다. 주님의 죽음을 준비한 여인의 모습은 믿음에 의한 행동입니다. 그녀가 예수님의 죽음을 완전히 이해 못 했다 해도 결과적으로 예수님의 죽음을 준비한 것이 됩니다. 그러나 제자들은 당장의 현실적인 문제에만 매달려 여자를 비난했습니다.

2. 한 여자는 모든 것을 바쳐 주님을 섬긴 것에 비해, 한 제자는 주님을 판 일은 대조적이면서 상당히 충격적입니다. 유다는 왜 이런 일을 하게

되었는지 그 이유를 말해 보십시오.(예수님의 생각과 제자들의 생각이 달랐던 점에서)

_____

_____

Tip 가룟 유다는 여자의 위대한 행동에 화를 내면서 많은 돈을 허비한다고 나무랐습니다. 가룟 유다가 이런 행동을 하게 된 것은 그가 자신의 목적으로 주님을 따랐기 때문입니다. 그래서 앞으로 일어날 일에 대해 전혀 감지하지 못했습니다. 가룟 유다는 돈을 맡은 사람이기에 그의 눈에는 늘 돈만 보였고 그것으로 사람을 평가했습니다. 우리도 무엇을 보느냐가 우리의 행동을 결정합니다.

1. 오늘 말씀에서 깨달음과 도전을 주는 말씀은 무엇입니까?

_____

_____

2. 오늘 말씀을 통해 이번 주에 실천해야 사항과 삶의 적용을 위한 구체적인 실천 계획을 말해 보십시오.

_____

_____

3. 오늘 말씀을 통해 발견한 기도제목은 무엇입니까? 아울러 함께 기도의 시간을 가지십시오.

_____

_____

내가 깨달은 영적 교훈과 삶의 적용

최후의 만찬과 겟세마네 동산 기도

| 성경 본문 | 마가복음 14:22-52

최후의 만찬은 4복음서가 다같이 취급합니다. 가룟 유다의 반역에 이어 베드로의 부인을 예고합니다. 예수님과 제자들의 마지막 만남을 주님은 알지만 제자들은 아직 알지 못하는 어리석음과 안타까움이 잘 나타나 있습니다. 알고 행하는 예수님과 모르고 행하는 제자들의 모습은 서로 비교됩니다.

말씀의
살핌

1. 예수님은 제자들과의 마지막 유월절 만찬에서 자연스럽게 신약의
성만찬을 제정하게 됩니다. 이 과정을 설명해 보십시오.(22-26)

(유월절 식사 순서: ─헌신의 잔(사회자가 먼저 잔을 마시고 차례로 돌린다)─물통을 가져
다가 손을 씻는다─쓴 나물을 먹는다(애굽의 고난을 상징. 출 12:27-13:8을 낭독)─의문의
잔을 마시면서 출애굽을 설명한다─할렐의 시편의 찬가를 부른다(시 113-114편)─떡을
찢고 양고기를 나눈다─축복의 잔을 든다─기쁨의 잔을 든다─할렐의 시편 후반인 시편
115-118을 부르고 식사를 마친다.)

_____

_____

2. 예수님이 제자들과 수제자 베드로에게 예고하신 말씀은 무엇입니
까? 그것에 대한 베드로와 제자들의 반응을 말해 보십시오.(27-31)

_____

_____

3. 예수님은 겟세마네 동산에 왜 가셨습니까? 거기에서 제자들의 역할
은 무엇입니까?(32-34)

_____

_____

4. 예수님의 기도의 내용을 말해 보십시오.(35-36)

_____

_____

5. 제자들은 예수님이 기도하실 때 무엇을 했습니까? 기도는 주님과 제자들의 나중 행동에 어떤 영향을 주었습니까?(37-50)

_____

_____

6. 적대자들이 지금에야 예수님을 잡아간 것은 어떤 의미가 있습니까? 잡아가는 주체는 사람이 아닌 하나님이십니다. (48-49)

_____

_____

7. 제자들의 이야기와 다르게 삽입되는 다른 제자의 독특한 기사 내용을 정리해 보십시오.(51-52)

_____

_____

말씀의 깨달음

1. 예수님은 제자들과 베드로가 주님을 부인할 것이라고 예언하지만 제자들은 자기들은 죽을지언정 주님을 결코 부인하지 않는다고 장담합니다. 베드로와 제자들은 어떤 근거에서 그런 말을 했습니까? 이것이 우리에게 주는 신앙적인 깨달음은 무엇입니까?

_____

_____

2. 겟세마네 동산에서 주님과 제자들은 전혀 다른 행동을 취하게 됩니다. 겟세마네 동산을 내려오면서도 그것은 그대로 나타나고 결국은 모두가 주님을 버리고 도망하게 됩니다. 이런 과정을 보면서 주님의 십자가의 길을 따라가기 위한 제자의 길이 쉽지 않음을 발견하게 됩니다. 제자들에게 가장 큰 문제점은 무엇이었습니까?

_____

_____

말씀의
실천

1. 오늘 말씀에서 깨달음과 도전을 주는 말씀은 무엇입니까?

_____

_____

2. 오늘 말씀을 통해 이번 주에 실천해야 사항과 삶의 적용을 위한 구체적인 실천 계획을 말해 보십시오.

_____

_____

3. 오늘 말씀을 통해 발견한 기도제목은 무엇입니까? 아울러 함께 기도의 시간을 가지십시오.

_____

_____

내가 깨달은 영적 교훈과 삶의 적용

심문받으시는
주님과 베드로의 부인

| 성경 본문 | 마가복음 14:53-72

예수님의 재판은 유대인의 심문과 로마인의 심문으로 나눕니다. 유대인의 심문은 산헤드린 공의회에서 하는 재판입니다. 산헤드린은 유대인 최고 법정이며 사형까지 의결할 수 있었습니다. 그러나 로마 지배 하에 있는 상황에서 사형은 로마 총독의 권한에 있었습니다. 공의회는 밤에 모이지 못하므로 밤에는 예비적으로 모여 모든 것을 결정한 후에 새벽에 형식적으로 모여 판결을 확정했습니다.

말씀의
살핌

1. 예수님은 어디로 끌려갔습니까? 반면 베드로는 무엇을 하고 있었습니까?(53-54)

2. 불법으로 밤에 모인 공회는 예수님을 죽이는 데 결정적인 증거를 만들기 위해 어떤 일을 했습니까?(55-59)

3. 증거가 불충분하자 대제사장은 예수님에게 어떻게 유도심문을 했으며 그것에 대한 예수님의 반응은 무엇입니까?(60-62)

4. 더 적극적으로 나오는 예수님의 대답을 듣고 대제사장과 하속들은 어떤 행동을 했습니까?(63-65)
(참람하다는 말과 아울러 사형에 해당한다는 말을 한 것은 레위기 24:11에 '여호와의 이름을 훼방하면 그를 반드시 죽일찌니…' 에 근거한 것이다.)

5. 가야바의 관저에서 예수님이 심문받으시는 사이에 관저 아래뜰에서

는 어떤 일이 일어났습니까?(66-71)

_____

_____

6. 베드로가 세 번 부인하자 닭이 두 번째 울었습니다. 이때 베드로는
무엇이 생각났으며 어떻게 했습니까?(72)

_____

_____

1. 유대인들이 죄의 증거로 든 것 중에서 "손으로 지은 성전을 내가 헐
고 손으로 짓지 아니한 다른 성전을 사흘에 지으리라 하더이다" 하는
말은 성전 모독죄로 예수님을 십자가에 죽게 한 죄목 중 하나입니다.
주님이 하신 이 말씀의 의미는 무엇이며, 유대인들은 이 말을 오해하여
잘못 적용했는데 그것은 구체적으로 무엇입니까?(참고. 요 2:19; 행
6:13-14)

_____

Tip 예수님은 성전을 사흘 만에 헐겠다고 했는데 이것은 문자적으로 성전을 헌다는 것이
아니라 예수님 자신이 십자가에 죽으므로 인해 더 이상 성전의 존재 의미가 없어진
다는 뜻입니다. 사흘 만에 부활함으로 이제는 예수를 믿는 모든 사람이 성전이 된다
는 것이었습니다. 유대인들은 이 말을 오해하여 결국은 예수님을 성전 모독죄로 십
자가에 죽게 했습니다 .

2. 예수님을 심문하던 대제사장은 왜 자기 옷을 찢으면서 "어찌 더 증인을 요구하리요"라고 했습니까? 처음에는 침묵하시다가 적극적으로 대답하시는 예수님과 그것을 빌미로 증거를 찾으려는 대제사장의 마음을 서로 비교하면서 말해 보십시오.(죄가 입증될 때는 법관은 일어서서 옷을 찢고 다시 깁지 말라는 랍비의 규정이 있었다.)

Tip 대제사장의 "네가 찬송받으신 이의 아들 그리스도냐?"라는 질문에 예수님이 "내가 바로 그라"고 대답하자 대제사장은 확실한 증거를 잡았다고 말하면서 사형을 언도합니다. 여기서 담담하게 자기 길을 가는 예수님과 분을 참지 못하는 대제사장과는 비교가 됩니다. 유대인이 볼 때는 자기가 하나님의 아들이라는 말은 신성 모독죄에 해당되는 것이었습니다.

3. 베드로의 부인은 이미 예수님의 말씀에서 예언되었던 것의 성취입니다. 세 번째 공격자로 베드로를 완전히 무너뜨린 자는 베드로에게 귀를 떼인 말고의 친족입니다(요 18:26). 베드로의 부인과 회개의 과정을 통해서 느낀 점과 영적 도전은 무엇입니까?(참고. 막 14:30; 눅 22:31)

Tip 베드로는 주님을 끝까지 따르겠다고 장담했습니다. 그러나 그는 멀찍이 주님을 따르다가 세 번이나 주님을 부인하는 죄를 범합니다. 그러다가 주님의 말씀을 생각하고 회개합니다. 말씀이 생각날 때 회개가 일어납니다. 인간은 죄를 범할 수 있습니다. 그때마다 그리스도인은 하나님의 말씀이 생각나면서 새롭게 회개하는 일이 일어나야 합니다.

말씀의 실천

1. 오늘 말씀에서 깨달음과 도전을 주는 말씀은 무엇입니까?

_____

_____

2. 오늘 말씀을 통해 이번 주에 실천해야 사항과 삶의 적용을 위한 구체적인 실천 계획을 말해 보십시오.

_____

_____

3. 오늘 말씀을 통해 발견한 기도제목은 무엇입니까? 아울러 함께 기도의 시간을 가지십시오.

_____

_____

 내가 깨달은 영적 교훈과 삶의 적용

_____

_____

_____

_____

빌라도의 재판

| 성경 본문 | 마가복음 15:1-20

예수님은 유대의 종교재판에서 로마의 사회재판으로 옮겨졌습니다. 공의회에서는 사형을 집행하지 못했기에 총독 빌라도의 힘을 빌어 예수님을 사형에 처하려고 했습니다. 산헤드린 공의회는 유대인의 최고 재판소입니다. 사두개인들과 제사장들, 바리새인들, 서기관들, 장로들 71명으로 구성되어 있습니다. 산헤드린 공의회는 공식적인 장소인 성전 뜰 안에 있는 돌로 깎아 만든 방에서만 열릴 수 있고 다른 장소에서의 회의는 무효입니다. 증거를 수집할 때는 개별적으로 조사하고 세밀한 부분까지 증인들의 의견이 일치해야 합니다. 구성원 하나가 개별적으로 말해야 했습니다. 그리고 사형 판결이면 하룻밤이 지나야 집행이 가능했습니다. 이런 면에서 예수님의 재판은 규정을 어긴 불법 판결이었습니다.

말씀의
살핌

1. 예수님은 어떻게 빌라도에게 넘겨졌습니까?(1)

_____

_____

2. 빌라도가 행한 예수님의 심문 과정을 말해 보십시오.(2-5)

_____

_____

3. 사람들은 왜 바라바를 놓아 주기를 원했습니까?(6-14)

_____

_____

4. 빌라도는 결국 무리들의 요구대로 예수님을 십자가에 못 박게 했는데 그 이유를 말해 보십시오.(15)

_____

_____

5. 군병들이 예수님을 조롱한 내용들을 말해 보십시오.(16-20)

_____

_____

1. 빌라도의 심문 과정을 통해서 깨달은 점은 무엇입니까? 무리와 대제 사장들과 관계를 말해 보십시오.

Tip 빌라도가 예수를 무리들에게 넘겨준 것은 무리에게 만족을 주기 위함이었습니다. 빌라도는 진실보다도 정치가 더 중요했고 자기의 지위 확보가 급선무였습니다. 무리와 대제사장과 빌라도는 자신들의 유익을 위해 서로를 이용했습니다. 진실을 알아도 그것을 실천하기는 어렵습니다. 깨달음만으로는 안됩니다. 그것을 실천하는 능력이 있을 때 진정한 지혜라 할 수 있습니다.

2. 예수님은 "네가 유대인의 왕이냐"는 질문에는 대답하지만 다른 질문에는 대답을 하지 않았습니다. 이런 것을 통해 느끼는 점은 무엇입니까?

Tip 예수님은 자신에 관한 질문에 대해서는 대답했지만 여러 가지 거짓 고발에 대해서는 대꾸하지 않았습니다. 여기서 오직 진실만을 말하는 예수님을 볼 수 있습니다. 자신의 정체성에 대해서는 확실하게 말씀하셨습니다. 세상 속에서 그리스도인은 담대하게 말해야 합니다. 그리스도인은 침묵할 때는 말하고 말해야 할 때는 침묵하면 안됩니다.

3. 조롱을 당하면서 묵묵히 고난을 받는 예수님을 통해 영적으로 도전 받는 점을 말해 보십시오.

Tip 갖은 모함과 조롱을 당하는 예수님의 모습은 오늘날 진리가 핍박을 당하는 것과 같습니다. 지금도 세상은 진리보다는 거짓이 판을 치고 득세합니다. 진실은 늘 어려움을 당하고 고난을 겪습니다. 이상한 일이 아닙니다. 하나님의 뜻을 이루기 위해서 이

런 모험은 거쳐야 할 과정입니다. 오늘날 우리도 진실에 대해서는 과감하게 맞서는
자세가 필요합니다. 폭력이 아닌 진리를 전하는 방법으로….

1. 오늘 말씀에서 깨달음과 도전을 주는 말씀은 무엇입니까?

_____

_____

2. 오늘 말씀을 통해 이번 주에 실천해야 사항과 삶의 적용을 위한 구체
적인 실천 계획을 말해 보십시오.

_____

_____

3. 오늘 말씀을 통해 발견한 기도제목은 무엇입니까? 아울러 함께 기도
의 시간을 가지십시오.

_____

_____

내가 깨달은 영적 교훈과 삶의 적용

십자가의 죽음

| 성경 본문 | 마가복음 15:21-47

십자가 죽음은 신구약 성경의 분수령과 같은 가장 중요한 부분입니다. 성경은 모두 십자가를 통하여 해석되어야 합니다. 본문은 예수님이 십자가에 달려 죽으시는 장면을 서술하고 있습니다. 4복음서 모두 이 시간을 저자의 관점에서 중요하고 세밀하게 그리고 있습니다.(마 27:32-44; 눅 23:26-49; 요 19:17-24)

말씀의 살핌

1. 억지로 예수님의 십자가를 대신 지고 간 사람은 누구입니까?(21)
(빌라도의 재판석에서 골고다 언덕까지 고난의 길을 비아 돌로롯사(via dolorossa)라고 부른다. 이 길은 예수님이 멈추신 지점을 따라 14정류소로 나누는데, 시몬을 만난 장소는 5정류소이다.)

---

2. 골고다에서 병사들이 예수님께 행한 일을 말해 보십시오.(22-27)

---

3. 십자가에 매달린 예수님을 보고 사람들은 조롱했습니다. 그 내용을 말해 보십시오.(28-32)

─지나가는 사람들

─대제사장들

─좌우편 십자가에 박힌 자들

─군병들 (눅 23:36-37)

---

4. 제3시에 십자가에 매달리고(오전 9시) 제6시(정오)에서 제9시까지

는 어떤 일이 일어났습니까?(33-34)

_____

_____

5. 십자가에 달려 죽으시는 예수님을 본 주위 사람들의 반응을 말해 보십시오.(35-36)

_____

_____

6. 예수님이 운명하실 때 어떤 일이 일어났습니까?(37-38) (마태는 이때 땅이 진동하고 바위가 갈라지고 무덤이 열리면서 자던 성도들이 부활한 내용을 첨가했다.)

_____

_____

7. 예수님의 사형을 직접 집행했던 백부장은 어떤 고백을 했습니까? 아울러 끝까지 남아서 예수님의 모습을 지켜본 여자들은 누구였습니까?(40-41)(막달라 마리아는 일곱 귀신 들렸던 여자(막 16:1), 작은 야고보는 알패의 아들 야고보, 살로메는 야고보와 요한의 어머니이다. 헤롯의 청지기 구사의 아내 요안나도 있었다(눅 24:10).)

_____

_____

8. 예수님의 시체를 어떻게 장사지냈는지 말해 보십시오.(42-47)

말씀의
깨달음

1. 예수님은 마지막 죽음의 십자가에서까지 많은 유혹을 당하시면서 힘든 고난을 감당했습니다. 우리가 예수님의 입장에서 "자기를 구원하여 십자가에서 내려오라"는 유혹의 소리를 들었다면 어떻게 했을까요?

Tip 예수님이 이 세상에 오신 것은 십자가에 죽기 위함입니다. 그렇게 함으로써 인간을 구원할 수 있기 때문입니다. 만약 예수님이 십자가에서 죽지 않는다면 모든 것이 허사가 됩니다. 이렇게 보면 이것은 예수님에게 가장 힘든 시험입니다. 모욕을 당하면서 자존심을 먼저 생각했다면 어떠했을까요? 십자가에서 내려오라는 소리는 사단이 외치는 소리입니다. 예수님이 공생애를 시작하기 전에 광야에서 사단의 시험을 받으실 때 성전에서 뛰어내리라는 유혹과도 같은 것입니다. 혹시 나는 자존심 때문에 하나님의 뜻을 버린 적은 없었나요?

2. 사형집행관인 로마 백부장의 하나님의 아들에 대한 고백은 우리에게 무엇을 교훈하고 있습니까? 남자 제자들은 다 도망가고 약한 여자들만 남아서 죽음의 자리를 지킨 것을 통해 도전받는 내용은 무엇입니까?

Tip 예수님의 죽으심을 보고 예수님을 하나님의 아들로 고백한 사람은 로마 백부장입니다. 이 고백은 제자들이 해야 하는데 오히려 이방인이 예수님을 하나님의 아들로 고백합니다. 그리고 제자들 중에 남자들은 다 도망가고 여자들만 남게 됩니다. 마지막까지 남아 있는 자가 하나님나라의 주인공이 됩니다. 끝까지 죽도록 충성하는 것이 중요합니다.

3. 억지로 예수님의 십자가를 대신 지고 간 구레네 사람 시몬과(유월절을 지키러 왔다가) 자원하여 예수님의 장사를 지낸 산헤드린 공회원 아리마대 요셉은 제자가 아닌 이외의 사람들입니다. 이들을 서로 비교하면서 특별히 깨달은 점을 말해 보십시오.

Tip 예수님의 십자가 죽음에 뜻하지 않은 축복을 받은 사람이 구레네 사람 시몬입니다. 엉겁결에 주님의 십자가를 대신 지고 갔지만 결과적으로 그는 주님의 죽음에 동참한 사람이 되었습니다. 제자들도 하지 못하는 일을 그가 한 것입니다. 하나님의 역사는 생각지 않은 일을 통하여 일어납니다. 먼저 된 자가 나중 되고 나중 된 자가 먼저 되는 것이 하나님의 일입니다.

1. 오늘 말씀에서 깨달음과 도전을 주는 말씀은 무엇입니까?

---

2. 오늘 말씀을 통해 이번 주에 실천해야 사항과 삶의 적용을 위한 구체적인 실천 계획을 말해 보십시오.

---

3. 오늘 말씀을 통해 발견한 기도제목은 무엇입니까? 아울러 함께 기도의 시간을 가지십시오.

_____

_____

내가 깨달은 영적 교훈과 삶의 적용

부활하신 예수님과 복음 전파

| 성경 본문 | 마가복음 16:1-20

십자가와 부활은 복음의 핵심 내용입니다. 구원은 십자가를 통해서 이루어지고 부활을 통하여 완성됩니다. 십자가는 그리스도가 무엇을 하셨는가를 말한다면 부활은 그리스도가 누구인가를 말합니다.

말씀의
살핌

1. 안식일이 지나 예수님의 시신에 향품을 바르기 위하여 달려갔던 사람들은 누구입니까?(1)

2. 무덤으로 가면서 여자들이 서로 나눈 이야기는 무엇이며 무덤에 가보았을 때 어떤 일이 일어났습니까?(2-4)

3. 흰옷 입은 청년이 나타나서 말한 내용은 무엇입니까?(5-7)

4. 천사의 음성을 들은 후에 여자들은 어떤 반응을 보였습니까?(8)

5. 막달라 마리아가 예수의 부활을 전하자 제자들은 어떤 반응을 보였습니까?(9-13)

6. 열한 제자에게 주님이 나타나셔서 한 말은 무엇입니까?(14-18)

7. 예수님이 승천하신 후에 제자들은 무엇을 했습니까?(19-20)

1. 왜 제자들은 막달라 마리아가 전한 예수님의 부활 소식을 듣고도 믿지 않았습니까?

Tip 부활을 처음 목도한 사람들은 여자들이었습니다. 막달라 마리아는 자신이 본 사실을 제자들에게 전했지만 제자들은 믿지 않았습니다. 왜 그랬을까요? 주님이 제자들에게 그렇게 반복하여 메시야 비밀을 말씀했지만 그들은 그 말씀을 기억하지 못했습니다. 믿음은 자기 힘으로 안됩니다. 하나님이 믿게 해주셔야만 가능합니다.

2. 십자가와 부활은 우리의 복음 전파와 어떤 관계가 있습니까?

Tip 십자가와 부활은 예수님의 핵심적인 사역입니다. 이 중에 하나라도 빠지면 안됩니다. 십자가와 부활은 동전의 양면과 같은 복음의 내용입니다. 부활을 믿으면 십자가의 고난을 능히 이길 수 있습니다. 부활을 우리에게 주신 것은 십자가의 고난의 길을 잘 감당하라는 의미가 있습니다. 부활을 믿지 못하면 주님의 제자의 길을 갈 수 없습니다. 부활을 믿었으므로 아브라함이 자기 아들을 바칠 수 있었습니다.

3. 예수님의 치유와 기적도 모두 복음 전하는 것과 연관되어 있습니다. 마찬가지로 우리에게 주신 표적과 이적은 복음 전파를 위해 주신 것입니다. 모든 일은 복음 전하는 일로 정리되어야 합니다. 구원받은 사람들에게 복음 전파 사명의 중요성을 말해 보십시오.(참고. 빌 4:13)

Tip 마가복음의 마지막은 치유 기적과 복음 전파로 마무리됩니다. 복음을 전하는 사람에게 하나님은 치유의 능력을 주실 것입니다. 모든 것은 복음을 전하는 것과 연관이 있습니다. 표적은 그 말씀의 진실함을 확인하는 의미가 있습니다. 모든 것은 결국 복음을 전하기 위함입니다. 제자들처럼 우리도 두루 나가서 복음을 전파해야 할 것입니다. 그런 사람에게 하나님은 놀라운 표적을 주실 것입니다. 내가 아닌 복음을 위하여….

말씀의 실천

1. 오늘 말씀에서 깨달음과 도전을 주는 말씀은 무엇입니까?

---

2. 오늘 말씀을 통해 이번 주에 실천해야 사항과 삶의 적용을 위한 구체적인 실천 계획을 말해 보십시오.

---

3. 오늘 말씀을 통해 발견한 기도제목은 무엇입니까? 아울러 함께 기도의 시간을 가지십시오.

내가 깨달은 영적 교훈과 삶의 적용

저자 이대희 목사

장로회 신학대학교 신학대학원(M.Div)과 연세대학교 연합신학대학원(Th.M)을 졸업하고 현재 에스라성경대학원대학교 성경학박사(D.Liit) 과정 중이다.
예장총회교육자원부 연구원과 서울장신대학교 신학과 교수와 겸임교수를 역임하고 서울 극동방송에서 "알기 쉬운 성경공부" "기독교 이해" 등의 프로그램을 진행했다. 지난 20여 년 동안 성서사람·성서한국·성서교회·성서나라의 모토를 가지고 한국적 성경교육과 실천사역을 위해 집필과 세미나와 강의사역을 하고 있다. 현재 바이블미션(www.bible91.org) 대표, 꿈을주는교회 담임목사, 강남성서신학원 외래교수, 서울장신대 외래교수로 사역 중이다.
저서로 《30분 성경공부시리즈》《투데이 성경공부시리즈》《아름다운 십대 성경공부시리즈》《이야기대화식성경연구》《성경통독을 위한 11가지 리딩포인트》《심방설교 이렇게 준비하라》《예수님은 어떻게 교육했을까?》《1% 가능성을 성공으로 바꾼 사람들》《자녀를 거인으로 우뚝 세우는 침상기도》《하룻밤에 배우는 쉬운 기도》《하나님 이것이 궁금해요》《크리스천이 꼭 알아야 할 100문 100답》등 100여 권이 있다.

마가복음 2

초판1쇄 발행일 ｜ 2010년 7월 15일

지은이 ｜ 이대희
펴낸이 ｜ 박종태
펴낸곳 ｜ 엔크리스토
마케팅 ｜ 정문구, 강한덕
관리부 ｜ 이태경, 신주철, 임우섭, 맹정애, 강지선

출판등록 ｜ 2004년 12월 8일(제2004-116호)
주　소 ｜ 경기도 고양시 일산동구 장항동 568-17
전　화 ｜ (031) 907-0696
팩　스 ｜ (031) 905-3927
이메일 ｜ visionbooks@hanmail.net
공급처 ｜ 비전북 전화 (031) 907-3927 팩스 (031) 905-3927

ISBN 978-89-92027-89-2　04230
　　　89-89437-85-7 (세트)

값 4,000원

● 잘못된 책은 바꾸어 드립니다.
● 이 교재의 사용 방법, 내용, 훈련, 세미나에 대한 문의는 바이블미션(02-403-0196, 010-2731-9078)으로 해주시면 최선을 다해 도와드리겠습니다.

엔크리스토 성경공부 양육 교재

투데이 성경공부

평생 성경공부할 수 있도록 구성한 시리즈. 주제별로 구성되어 있어 각 교회의 상황에 맞게 커리큘럼을 재구성하여 사용할 수 있다.

101 신앙기초(전 9권 완간) | 201 예수제자(전 9권 완간) | 301 새생활(전 12권 완간)
601 성경개관(전 10권 완간) | 401 · 501 발간 예정

30분 성경공부

신앙생활의 기초를 다루었으며 신앙의 전체 그림을 그릴 수 있는 2년 과정의 소그룹 성경교재다. 성경공부를 시작할 때 사용하면 효과적이다.

믿음편 | 기초 · 성숙   생활편 | 개인 · 영성 · 교회 · 가정 · 이웃 · 일터 · 사회 · 세계
성경탐구편 | 창조시대 · 족장시대 · 출애굽시대 · 광야시대 · 정복시대/사사시대 · 통일왕국시대 · 분열왕국시대 · 포로시대/포로귀환시대 · 복음서시대1 · 복음서시대2 · 초대교회시대 · 서신서시대

아름다운 십대 성경공부

십대들이 꼭 알아야 할 성경의 핵심내용과 기독교적 가치관, 세계관을 정립하는 데 필요한 핵심주제를 담고 있으며, 3년 과정으로 구성되었다.

101 자기정체성 · 복음 만남 · 신앙생활 · 멋진 사춘기 · 예수의 사람(전 5권)
201 가치관 · 믿음뼈대 · 십대생활 · 유혹탈출 · 하나님의 사람(전 5권)
301 비전과 진로 · 신앙원리 · 생활열매 · 인생수업 · 성령의 사람(전 5권)

틴꿈 십대성경공부

성경 전체의 내용을 핵심적으로 구성되었으며, 성경 파노라마를 통해 십대들이 알아야 할 성경의 맥과 개관을 다루고 구약책과 신약책 중에서 십대에 맞는 책을 선택하여 집중적으로 유형별로 균형 있게 공부할 수 있다.

1년차 성경개관 | 성경파노라마 1, 2, 3, 4, 5(전5권)
2년차 구약책 | 창세기 · 에스더 · 다니엘 · 잠언 · 전도서(전5권)
3년차 신약책 | 누가복음 · 로마서 · 사도행전 · 빌립보서 · 요한계시록(전5권)
• 틴~ 꿈 새가족 양육교재

엔크리스토 성경공부 양육 교재

책별 66권 성경공부

성경 전체 66권을 각 권별로 자유롭게 선택하여 사용할 수 있는 성경공부.
성경 전체를 체계적으로 연구할 수 있다.

창세기 1·2·3·4, 느헤미야, 요한복음 1·2, 로마서, 에스더, 다니엘, 사도행전 1·2·3
요한계시록 1·2, 마가복음 1·2 (계속 발간됩니다)

엔크리스토 제자양육성경공부

한 사람을 온전한 제자로 만드는 과정으로 7단계로 구성되었있다. 전도(복음소개)와
양육(일대일 양육, 이야기대화식 성경공부)과 영성(영성훈련)의 3차원을 통전적으로
연결되어 있으며 제자훈련 과정으로 적합하다.

복음소개 · 일대일 양육 · 새로운 사람 · 성장하는 사람
변화된 사람 · 영향력 있는 사람 · 영성훈련(전7권)

인도자를 위한 지침서

• 인도자 지침서(십대 성경공부 101·201·301시리즈) | 이대희 지음 | 각 10,000원
• 인도자 지침서(틴꿈 십대성경공부) | 이대희 지음 | 10,000원
• 인도자 지침서(엔크리스토 제자양육성경공부) | 이대희 지음 | 10,000원
• 인도자 지침서(30분 성경공부 믿음편 기초, 성숙|생활편 개인, 교회)
  | 이대희 지음 | 10,000원

성경공부에 필요한 참고 서적

• 이야기 대화식 성경연구 | 이대희 지음 | 10,000원
• 크리스천이 꼭 알아야할 100문 100답 | 이대희 지음 | 10,000원
• 꿈을 이루는 10대 크리스천을 위한 52가지 | 이대희 지음 | 10,000원

특 징
성경 66권을 쉽고 재미있게, 깊이 있게 배우면서 한국적 토양에 맞는 현장과 삶에 적용하는 한국적 성경전문학교

모집과정(반별로 2시간씩이며 선택 수강 가능)
● 성경주제반: 성경의 중요한 핵심 주제를 소그룹의 토의와 질문을 통하여 배운다.(투데이성경공부/30분성경공부)
● 성경개관반: 66권의 성경 전체의 맥과 흐름을 일관성 있게 잡아준다.(잘 정리된 그림과 도표와 본문 사용)
● 성경책별반: 66권의 책을 구약과 신약 한 권씩 선정하여 워크숍 중심으로 학기마다 연구한다.(3년 과정)

모집대상
목회자반/ 신학생반/ 평신도반(교사, 부모, 소그룹 양육리더, 구역장, 중직)

시 간
월요일(오전 10시 30분~오후 5시 30분/ 개관반 · 책별반 · 주제반)

수업학제
겨울학기 : 12~2월 | 봄학기 : 3~6월 | 여름학기 : 6~8월 | 가을학기 9~11월
(자세한 내용은 홈페이지 참조 요망. 학기마다 사정에 따라 일자가 변경될 수 있음)

수업의 특징
● 이야기대화식 성경연구방법으로 12주(3개월 과정) 진행
● 전달이나 주입식이 아닌 성경 보는 눈을 열어주고 경험하게 하면서 성경의 보화를 스스로 캐는 능력을 터득하게 하는 방법을 지향하며 소그룹 워크숍 형태로 진행

강사 : 이대희 목사와 현직 성서학 교수와 현장 성경전문 강사

장소 : 바이블미션
　　　　서울시 송파구 가락동 96-5(지하철 8호선 가락시장역)

신청 : 개강 1주일 전까지 선착순 접수(담당 : 채금령 연구간사)

문의 : 바이블미션–엔크리스토 성경대학(010-2731-9078, 02-403-0196)
　　　　(홈페이지 www.bible91.org)